AF253926

PLAN DE LIQUIDATION,

Par un Membre de la Société de 1789.

.... Si quid novisti rectius istis ,
Candidus imperti ; si non, his utere mecum.

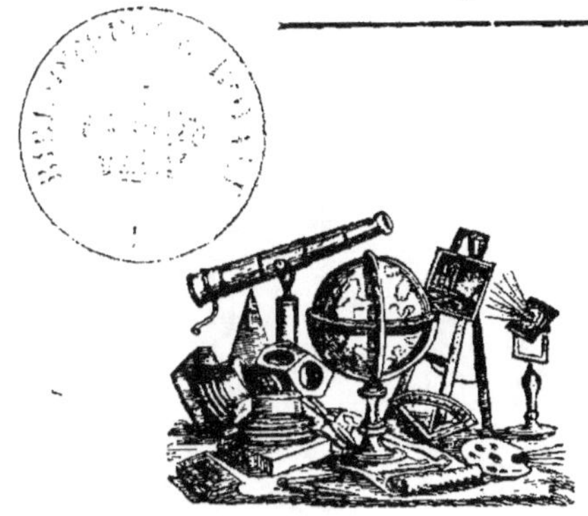

A PARIS,

DE L'IMPRIMERIE DU PATRIOTE FRANÇOIS,
Place du Théâtre Italien.

11 SEPTEMBRE 1790.

PLAN
DE LIQUIDATION.

LE comité. des finances a fixé à 1878 millions la totalité des créances remboursables.

Une masse de 1878 millions de dettes remboursables seroit effrayante, si on n'avoit à lui opposer une masse à peu près égale de biens fonciers, libres et disponibles, et des extinctions considérables. Quand on pense que la nation a, dans ses mains, des moyens si puissans, si assurés et si solides, on ne peut concevoir qu'on lui aït proposé, pour se libérer, une création subite et immodérée d'environ deux milliards d'assignats forcés et sans intéréts. Ce projet confondant l'ordre, la nature et les époques des créances, traitant également, et les créanciers qui auroient dû être payés depuis long-temps, et ceux qui ne doivent l'être que dans plusieurs années, a été généralement et victorieusement combattu : on a observé sur-tout, et c'est une considération de la plus grande importance, que si on disposoit, par cette opération, de la totalité des assignats, il seroit impossible que le service du trésor public se soutînt long-temps ; sa chûte alors seroit inévitable, elle renverseroit la fortune publique, et peut-être la constitution. On doit

A 2

donc regarder ce projet comme entièrement écarté, du moins dans toute son étendue ; car il conviendra peut-être d'émettre partiellement une certaine quantité d'assignats ; mais l'assemblée nationale, en ajournant cette importante question, a desiré, avec raison, qu'on lui présentât un autre plan de liquidation.

Cette liquidation se présente tout naturellement. Elle consiste uniquement à payer avec ce que l'on a, non pas en un seul instant, mais successivement et à des époques rapprochées, en distinguant avec soin l'ordre et la nature des dettes. Il n'est pas de créanciers à qui un pareil arrangement ne convienne ; et certains de leur paiement, ils en attendront, tous, le moment, avec tranquillité et avec confiance.

Je propose d'établir la libération de l'état sur trois moyens :

Le premier, sur la vente successive des biens nationaux ;

Le second, sur ce qui doit rentrer encore de la contribution patriotique ;

Le troisième, sur les extinctions de toute espèce. Ce dernier moyen se divise en trois parties :

1°. Extinction des rentes viagères ;

2°. Extinction des pensions, et du traitement de l'ancien clergé ;

3°. Extinction ou diminution d'intérêts par le remboursement des capitaux.

Ce projet de fonds est tout simple ; mais il exige quelque développement et un rapprochement de la dette avec les moyens de l'acquitter : c'est ce que je vais faire.

La masse générale des dettes remboursables paroît fixée à 1878 millions ; et comme il faut nécessairement établir quelque base, je commencerai par supposer qu'elles seront remboursées dans l'espace de six années. J'opérerai d'après cette supposition, et je vais commencer par donner un apperçu de ces différens moyens et de la progression des extinctions.

Évaluation des trois moyens proposés.

Premier moyen.　　Vente des biens nationaux.

On diffère sur l'évaluation des biens du clergé et des biens domaniaux. On la porte depuis deux jusqu'à trois milliards ; on va les porter ici, par une évaluation assez vraisemblable, à . . . . 2,400,000,000 liv.

Il faut en déduire,

1°. 400 millions d'assignats décrétés ;

2°. 200 millions demandés par le premier ministre des finances, et qui paroissent indispensables pour assurer le service ordinaire,

600 millions, ci 600,000,000

Resteroit de libre sur les biens nationaux, environ . . . . 1,800,000,000 liv.

Second moyen.   Contribuiion patriotique.

On n'a encore que des notions très-imparfaites sur le produit de la contribution patriotique ; mais, comme on doit supposer que le premier tiers est rentré, et que bien des personnes ont payé la totalité de leur contribution en un seul paiement, on croit saisir une juste mesure en évaluant ce qui reste à rentrer, à environ . . . . 100 millions.

Troisième moyen. Extinctions de toute espèce.

Pour pouvoir calculer ce moyen, je suivrai toujours la supposition d'une liquidation faite en six années. Je supposerai aussi 300 millions de vente, chaque année, et par conséquent 300 millions de remboursemens tous les ans. Si les ventes sont plus considérables, la liquidation sera plus prompte.

En supposant donc qu'on vende annuellement pour 300 millions de biens, et que, par conséquent, on rembourse une pareille somme, il y aura tous les ans une diminution progressive d'intérêts de . . 15 millions.

On paie annuellement environ 100 millions de rentes viagères. L'opinion commune est qu'il s'en éteint tous les ans un quarantième ; mais, comme il y a des créations sur plusieurs têtes, je réduirai

(7)

Ci-contre . . . . 15 millions.

cette extinction au cinquantième, ci . . 2

Il est bien difficile de faire un calcul exact sur les pensions et le traitement du clergé. On supposera que ce qui est susceptible d'extinction fait un objet de 50 millions, et j'établirai les extinctions également au cinquantième, ci 1

Premiere année. Extinctions de la première année 1791, ... 18 millions.

Ce calcul est au plus bas possible, et on évaluera les accroissemens seulement à 500 mille livres par année ; de sorte que,

La seconde année 1792, les extinctions seront de . . . . 18 $\frac{1}{2}$.

Progression des deux premières années, 36 $\frac{1}{2}$.

La troisième année 1793. Extinctions, . . 19

Progression des trois premières années, . 55 $\frac{1}{2}$.

La quatrième année 1794. Extinctions, . 19 $\frac{1}{2}$.

Progression des quatre premières années, 75

La cinquième année 1795. Extinctions, . . 20

Progression des cinq premières années, 95

De l'autre part , ... : 95 millions.
La sixième et dern. année 1796. Extinctions, 21

Total des extinctions de toute espèce, 116 millions.

Récapitulation des fonds de remboursemens.

Restant des biens nationaux, . . . 1,800 millions.
Restant de la contribution patriotique, 100
Extinctions de toute espèce, . . . 116

Total des fonds de remboursement, . 2,016,000,000
Montant des dettes remboursables, . 1,878,000,000

Excédent, ... 138 millions.

Quoique je ne garantisse pas l'exactitude de cet apperçu, on peut cependant en tirer deux conséquences importantes.

La première, c'est que la nation peut se liquider dans six années, et beaucoup plutôt, si elle le veut, par ses propres moyens, et sans avoir besoin d'aucune opération forcée, ni d'aucun secours extraordinaire.

La seconde, c'est qu'en supposant ce plan admis et exécuté, il en résulteroit que, dans l'année 1797, la

France

France auroit étcint toutes ses dettes remboursables , et auroit diminué de 116 millions ses dépenses ordinaires.

Il paroît donc évidemment démontré que la nation a surabondamment de quoi acquitter ses dettes remboursables , en supposant qu'avant tout , elle aura mis de niveau ses dépenses ordinaires avec ses recettes ordinaires ; car il seroit sans exemple et contre tout principe d'administration , de faire des fonds pour des remboursemens , sans avoir préalablement assuré , de la manière la plus certaine , le paiement des dépenses ordinaires , et garni suffisamment le trésor public.

Il ne faut regarder ce projet de liquidation , en six années , que comme une supposition nécessaire à établir pour donner une idée de la progression des extinctions La liquidation s'effectuera à mesure et en proportion de la vente des biens nationaux , en y admettant indifféremment toutes les créances échues ou à écheoir. Il est nécessaire d'entrer ici dans quelques détails. Il ne faut pas se laisser éblouir par l'idée séduisante de terminer tout par une seule opération. La liquidation d'un grand empire et d'une dette immense ne doit pas être l'ouvrage d'un moment , et il me paroît absolument nécessaire de la diviser en trois classes , dans l'ordre suivant.

PREMIÈRE CLASSE.

LA première classe est composée de dettes exigibles, qui méritent une préférence particulière ;

SAVOIR :

1°. L'arriéré des départemens , ... 120 millions.

2°. Les dîmes inféodées, ... 100

3°. La dette de l'ancien clergé, ... 150

4°. La partie échue des remboursemens suspendus, 108

Montant de la première classe, ... 478 millions.

478 millons.

Observations.

On pourroit commencer par éteindre cette classe de créances qui, par leur nature , méritent toute préférence, et on pourroit les payer incessamment, soit par des assignats avec trois pour cent d'intérêt , soit par des échanges volontaires

478 millions.

Ci-contre, ... 478 millons.

contre des biens nationaux , soit par le produit des premières ventes.

On a employé ici la totalité de la dette du clergé , parce qu'il y a une sorte de justice à la mettre en première ligne ; mais on observera qu'elle est presque toute constituée, et possédée par des gens de main-morte , des communautés , des mineurs, etc. , et que la plus grande partie aimera mieux garder ses contrats. On pourroit leur offrir le choix , ou de suivre le sort des autres créanciers, ou de garder leurs contrats, ou de les reconstituer à 4 pour 100, avec hypothèque sur tous les biens de la nation.

Je crois qu'on pourroit offrir la même liberté à tous les créanciers de l'Etat ; et il y en auroit beaucoup qui préféreroient des contrats. Cela rendroit la liquidation plus prompte et plus facile ; et quand on auroit éteint toute la dette remboursable, on rembourseroit ensuite la dette constituée, quand la situation des finances le permettroit.

478 millions.

B 2

De l'autre part, ci. . . . . 478 millions.

SECONDE CLASSE.

L a seconde classe seroit composée des objets ci-après :

1°. Des offices de magistrature , ... 450 millions.

2°. Des charges de finance , ... 118

3°. Des cautionnemens, 203

4°. Des charges de la maison du roi, de la reine et des princes , ... 52

5°. Charges et emplois militaires , ... 35

6°. Gouvernemens et lieutenances générales, . 4

Montant de la seconde classe , ... 862

} 862

Observations.

Comme toutes ces parties exigent une liquidation qui sera plus ou moins longue, les créanciers conserveroient leurs titres , jusqu'à ce qu'ils pussent être liquidés, et

1340 millions.

Ci-contre, ... 1340 millions.

alors ils les échangeroient contre des quittances de finance ou contre des billets de
liquidation de sommes rondes, portant 4
pour 100 d'intérêt, et au porteur, afin
de faciliter leur circulation et leur négo-
ciation. On ne doit pas craindre que cette
opération provoque l'agiotage; ce seroit,
au contraire, un moyen de le diminuer,
par la réunion d'un grand nombre d'effets
différens en un seul, qui, par lui-même,
n'offriroit aucun jeu, ni aucune chance
séduisante.

Il faudra que l'assemblée nationale dé-
cide si ces valeurs seront toutes de sommes
égales, ou si elles seront du montant de
chaque créance, en observant toujours de
les faire de sommes rondes; mais, dans
tous les cas, il faudra qu'elles soient
remboursables par la voie du sort. On
feroit, à cet effet, des tirages de remboursemens, dont les époques et les quo-
tités seroient proportionnées au produit
des ventes faites contre des assignats. Ces
remboursemens ne pouvant être fixés à

1340 millions.

De l'autre part , ci . . . . . . 1340 millions.
présent , seroient successivement annon-
cés , et les parties liquidées concourront
à ces remboursemens.

TROISIÈME CLASSE.

LA troisième et dernière classe con-
tiendroit ,

1°. Les différens em-
prunts à écheoir, . . . 460 millions.

2°. Avances des fer-
miers de Sceaux et Poissy,   I

3°. Les annuités données
à la caisse d'escompte et
aux notaires , ... 77

538 millions.

Montant de la troisième et
dernière classe , . . . 538 millions.

Observations.

Il seroit peut-être nécessaire d'avoir le
tableau , par ordre d'échéances, de la dis-
tribution des 538 millions , composant la
troisième classe , afin de connoître à
quelles époques ces dettes sont exigibles ;
car , dans ce moment , elles ne sont que
remboursables et point exigibles ; ce qui

1878 millions.

De l'autre part, ci. . . . . . . 1878 millions.

établit une grande différence entre cette classe et les deux premières ; et dans un plan de libération , on ne sauroit guère assimiler des créances échues à des créances qui ne le sont pas, et dont on ne peut exiger le paiement qu'à des époques successives et éloignées. Je me trouve, je l'avoue, fort embarrassé pour proposer le mode de remboursement de cette troisième classe ; cependant, comme il conviendroit que le décret que l'assemblée nationale rendra, pour la libération de l'État , fût définitif, je vais hasarder deux propositions.

La première , seroit de laisser subsister ces créances telles qu'elles sont ; d'annuller l'arrêt du conseil qui en suspend le paiement, et de rétablir le cours de leur remboursement, en continuant à payer exactement les intérêts stipulés par les édits d'emprunt.

La seconde , si l'on vouloit anéantir, pour l'avenir, cette multiplicité d'effets, et n'avoir qu'un seul genre de créances ,

1878 millions.

De l'autre part , ci. . . . . 1878 millions.
seroit de les convertir en un seul effet au
porteur, avec des coupons d'intérêts , et
payable aux mêmes époques des effets
qu'il représenteroit, en se réservant la
faculté de les rembourser plutôt , si cela
convenoit aux arrangemens et aux intérêts de l'Etat.

TOTAL des dettes remboursables. . . 1878 millions.

Je préviens que j'ai pris tous ces renseignemens dans
les états que le comité des finances a présentés avec la
plus grande clarté , et sans doute avec la plus grande
exactitude ; et je ne me suis permis que quelques légers
changemens dans le classement des objets. La variété
des créances de l'Etat, soit par leur nature, soit par les
différentes époques de leur remboursement , est une nou-
velle preuve que le projet de les liquider toutes de la
même manière, au même instant, et avec le même effet,
étoit mal conçu. En les divisant comme je le propose,
il me semble qu'on évite de grands inconvéniens , et
qu'on remplit plusieurs objets.

1°. On éviteroit une émission superflue et trop con-
sidérable d'assignats, et on la réduiroit à de justes bornes.

2°. On conserveroit, autant qu'il est possible, l'ordre
et les droits respectifs de tous les créanciers.

3°.

3°. On mettroit , dans une opération de cette importance , la simplicité , la justice et la circonspection qu'exigent d'aussi grands intérêts.

4°. Il me semble que , par cet arrangement , chaque
chose seroit à sa place , chaque créancier seroit payé
suivant son titre , et rien ne seroit forcé. C'est un débi-
teur qui a de quoi payer tout le monde , qui se libère
avec ses propres biens , à mesure qu'ils se réalisent , et
qui offre toujours aux créanciers non remboursés , et qui
naturellement ne doivent pas l'être , un gage assuré de
leurs créances.

5°. En décrétant que toutes les créances remboursables ,
de quelque nature qu'elles soient , seront reçues , de préférence à tout , en paiement des biens nationaux , on ou-
vriroit un grand débouché pour la vente de ces biens , et
on rempliroit , en partie , l'effet des assignats. Tout s'uni-
roit et tendroit au même but ; car la même opération
produiroit une vente et éteindroit une créance.

6°. Si ce plan de remboursement étoit admis , avec les
changemens et modifications que l'on croira raisonnables ,
on ménageroit les assignats , qu'il est si essentiel de con-
server ; et il est important de faire ici une observation.
Si l'assemblée nationale décrète les 200 millions qui paroissent nécessaires pour assurer entièrement le service
ordinaire du trésor public , il y en auroit pour 600 millions dans la circulation ; et pour peu qu'on en donnât
aux créanciers de la première classe , il y en auroit beau-

C

coup, et certainement trop, s'il n'y avoit tout lieu de croire qu'on en retirera successivement un grand nombre, par la facilité de les donner en paiement des biens nationaux. J'observerai aussi, à cette occasion, que la totalité de ces biens étant hypothéquée aux créanciers de l'État et aux porteurs des assignats, il sera bien important de décréter qu'il ne sera reçu en paiement que ces deux sortes de valeurs : ce qui sera constaté par des procès-verbaux rendus publics, et signés par des commissaires nommés par l'assemblée nationale.

7°. Le plan que je propose ne peut intéresser, dans ses effets, que les seuls créanciers de l'État. Il laisse un cours libre aux opérations de l'agriculture, des manufactures et du commerce, et ne va pas atteindre, d'une manière fâcheuse, toutes les classes de citoyens, comme la création forcée de près de deux milliards de papier, qui causeroit une commotion universelle.

On pourroit porter la démonstration plus loin, et renforcer encore ce petit nombre d'observations ; mais il est temps de se résumer.

RÉSUMÉ.

JE vais rappeler ici les principales dispositions de ce plan.

1°. Je suppose qu'avant d'en admettre aucun, l'assemblée nationale aura assuré irrévocablement les dépenses ordinaires de l'État. C'est la première loi de toute sorte d'administration.

2°. J'ai démontré, par des calculs bien plus convaincans que des raisonnemens, que la France a surabondamment de quoi payer la totalité des dettes remboursables, par des moyens effectifs, sans avoir recours à aucune opération forcée ni extraordinaire.

3°. Qu'on pourroit liquider

La première classe, composée de dettes privilégiés, et montant à 478 millions, par quelques assignats, par des échanges volontaires, et par le produit des premières ventes ;

La seconde classe, composée de remboursemens d'offices et de charges, montant à 862 millions, par des quittances de finance, ou par des billets de liquidation, au porteur, et remboursables par la voie du sort ;

La troisième classe, composée de créances à écheoir, et montant à 538 millions, qui pourroient subsister telles qu'elles sont, ou être converties en un seul et même effet, remboursable aux époques originaires de ces créances, avec faculté de les retirer plutôt, si cela convenoit aux intérêts de l'État.

4°. Faculté générale à toute sorte de créances, d'être converties en contrats de constitution à 4 pour 100 ; et il pourroit s'en présenter beaucoup qui profiteroient de cette facilité.

Je sens toutes les imperfections de ce plan, et je crains qu'il ne se ressente de la précipitation que j'ai été forcé d'y mettre. Nous touchons au moment d'une décision , et il n'y a pas de temps à perdre. Le ministre des finances a donné sa démission , sans annoncer son plan de liquidation ; et aujourd'hui, plus que jamais, tous les citoyens peuvent et doivent manifester leurs opinions. Un particulier inconnu peut quelquefois donner un bon avis , et il aura payé son contingent.

On se plaît à répandre la plus grande inquiétude sur l'état de nos finances, et je suis parfaitement convaincu qu'il n'y a jamais eu de moment plus favorable pour les rétablir entiérement , si on a le bon esprit de ne pas trop se presser, et de savoir tirer parti des moyens que l'on a. Il suffiroit d'écarter tout moyen. brusque et dangereux, et de faire des dispositions sages et raisonnables : elles me paroissent indiquées , et l'assemblée nationale n'a que deux choses à faire pour ramener la tranquillité et la confiance. Elle tient , dans ses mains , le sort de l'empire, et elle en est responsable à la nation. Ces deux choses consistent ,

1°. A assurer , de préférence à tout , et avant tout , le service ordinaire du trésor public , pour cette année , et pour l'année prochaine , et à prévoir la lenteur et les incertitudes inséparables du nouveau mode d'impositions, de répartitions , de perceptions , et par conséquent de la rentrée, dans le trésor public , des revenus de l'État.

2°. A décréter un plan de remboursement sage et mesuré, qui n'occasionne pas de secousses violentes, qui ne porte aucune atteinte à la foi publique , qui ne compromette pas l'intérêt général , et qui , en tranquillisant les créanciers de l'État , assure une liquidation certaine , successive et absolue.

Lorsque l'assemblée nationale aura terminé ces différentes opérations, avec l'attention et la sagesse qu'elles exigent ; lorsqu'elle aura constaté et assuré les dépenses ordinaires de l'État , et pourvu solidement au paiement de la dette publique; si elle surveille exactement les dépenses publiques ; si elle protège et maintient rigoureusement le recouvrement des impôts , il n'y aura pas certainement de nation, en Europe, dont les finances soient en aussi bon état que les nôtres , puisque , dans un petit nombre d'années , la France aura éteint toute la dette remboursable, jouira de la plénitude de ses revenus , et pourra diminuer considérablement les impôts. C'est alors que ce royaume sera puissant; c'est alors qu'il aura, dans l'Europe , la considération , le crédit et l'influence qui appartiennent à un grand empire; c'est alors, enfin, que l'assemblée nationale méritera les hommages et toute la reconnoissance de la nation.

Je terminerai par répéter encore que le terme de six

années , que j'ai pris pour la liquidation , n'est qu'une supposition ; qu'il faut , au contraire , vendre le plutôt possible , et payer à mesure que l'on vendra.

Par M. L...... membre de la société de 1789.

Lu à ladite société , le 10 septembre 1790.